JN408686

사랑의 온도

샌드라신 시집

문학공원 시선 88

사랑하는 사람에게 따스한 온기가 되어주는 시집

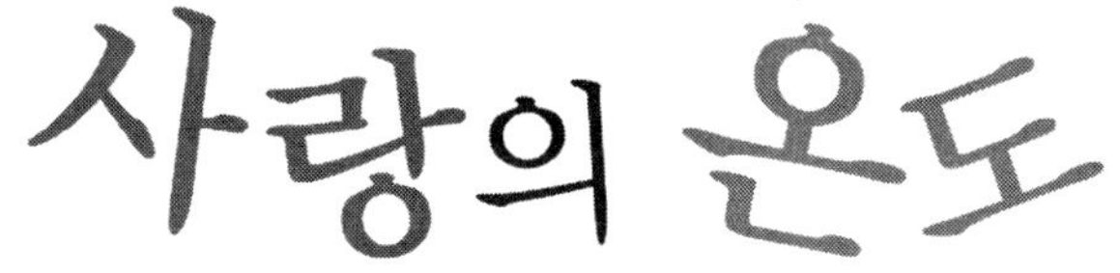

사랑의 온도

샌드라신 시집

무언가 하고픈 말을 뱉으면
무수히 흩어지는 별나라 유성들이
눈물 되어 먼저 떨어진다

사랑의 온도는 잴 수 없는
그대의 마음 그대의 심장

사랑의 온도는 비켜가는
나의 고독 나의 눈물

문학공원

자서

언제부터인가
양미간을 대각선으로
마치 날카로운 송곳으로 쑤시는 듯한 편두통
이제 익숙한 고통으로 받아들여지고 있다
능숙한 솜씨로 머리자락을 한 움큼 움켜쥐고
독한 진통제 몇 알을 입 안에 털어넣는다
두 눈에 뜨거운 눈물이 흘러도
이젠 가슴에는 텅 빈 들녘에 불어오는 바람처럼
아무런 느낌도 없이 울음도 자연스럽다
세상은 그렇게 내 고통과 상관없이
잘도 돌아가는가 보다
추억을 버무려넣고
아픔을 무마시키기 위해 시를 쓴다

이 시집을 출간하기까지
애써주신 김순진 시인께 감사드린다

2014년 여름

샌드라신 올림

차 례

1부. 민들레 홀씨 하나

2부. 붉은 포도주

3부. 외로운 달

4부. 장미를 사랑한다면

1부
민들레 홀씨 하나

작은 운석이 되어

작은 촛불이고 싶다
타다가 끝내
흔적 없이 녹아내리는 촛불이 되어
그대 가슴에 기억 없이 사라진다 해도
어둠을 삼키는 한 줄기 사랑의 빛이 되어
끝내 온몸을 태우리

작은 풀꽃이고 싶다
아무도 찾아주지 않는 깊은 산속에 홀로 피어나
기다림에 지쳐 길게 목젖을 쳐들며
오지 않는 그대, 발자국소리 귀 기울이면
어느새 새벽이슬이 눈물방울되어 떨어진다 해도
끝내 견디어내리

작은 별이고 싶다
어디선가 미치도록 외로움에 떨고 있을
가난한 그대 가슴에 별똥이 되어
사랑의 불씨를 심어주면

차갑고 힘겨운 세상살이 다시 어깨 깃을 세우며
끝내 소망을 이루리

촛불도 풀꽃도 결국엔
스러지는 별똥별 같은 것
나는 작은 운석이 되어
누구의 가슴에 남겨질까

민들레 홀씨 하나

어머니
당신에게서 떨어져나 온 민들레 홀씨 하나
낯설고 물 설은 땅에 뿌리박고 살아도
꽃피우지는 않으렵니다
언젠가는 돌아가고픈 내 고향 언덕에서
당신을 위한 작은 꽃몽우리 만들겠습니다

오 나의 파랑새야
네 날개 밑에 민들레 홀씨 하나 보듬어다오
저 태평양 건너 구불구불 오솔길 지나
보름달보다 더 큰 박을 머리에 인
초가집으로 데려다다오

늘 사립문 열어두고
달리의 목을 빼고 기다리시는 어머니
당신에게서 너무 멀리 날아온 민들레 홀씨 하나
이 거친 들녘에서는 결코 꽃피우지 않으렵니다
질기고 질긴 목숨자락 다하는 날까지

고이고이 간직하였다가
당신의 영토에서 눈물꽃으로 피렵니다 어머니…

흐르는 것은

봄도 가고 여름도 갑니다 흐르는 건 세월뿐 아니라 망각의 강으로 아득히 흐르는 그대의 희미한 뒷모습

쉬잇! 아무 말 마세요 해 지는 수평선 끝자락에 한 점 섬으로 떠돌다 해매이다가 다시 돌아오는 허연 밀물을 봐요 인생의 강물 따라 출렁이다 보면 어느 날 홀연히 그대 앞에 다시 서성이게 되는 것 그토록 애달프게 부른들 그토록 가슴 쉽게 손을 흔든들 뒤돌아서지 않으면 어찌 알 수 있겠소 붙잡을 수 없는 강줄기 따라 나도 흐르고 그대도 흐르다보면 두물머리에서 또다시 마주쳐 흐르겠지요 어디쯤에 가야 우리 인생의 넓은 바다에서 마음껏 항해를 할 수 있을까요

아… 멈추지 않는 인생이여
잊혀져가는 사랑이여
흐르는 것은 세월이 아니라
목 메인 그리움에 저무는
노을빛 하늘

그러려니

간혹 창밖에 얼비치는
고독한 달그림자려니
그냥 가슴에 담아도
채워지지 않는 그리움이려니
끝없이 몸부림치다
산산이 부서지는 파도려니
그대 어느 산모퉁이에서
날 기다려주려니
부지런히 날갯짓 하다보면
눈물 나게 아름다운
노을 진 들녘을 가로질러
그대에게 다다르려니
미치게 보고 싶으려니
못 견디게 그리우려니
그렇게 가슴에 사무치는 것이
사랑이려니
그러려니 사는 것이
인생이려니

지평선 너머 그리움

별이 되겠습니다 수백만 광년을 지나 메마른 밤하늘에 별꽃이 되어 은하수너머 흐르는 그대 눈빛처럼, 구름이 되겠습니다 흩어졌다가 다시 한 점의 하얀 구름 되어 하늘가를 맴도는 그대 시선처럼, 바람이 되겠습니다 스쳐 비껴가도 다시 제자리로 돌아와 소리 없이 남겨진 그대 미소처럼, 눈물이 되겠습니다 기쁠 때도 슬플 때도 영롱한 이슬방울 살가운 그대 마음처럼, 강물이 되겠습니다 끝없이 흐르다 보면 아침 안개 낀 은빛 물보라 강가에 서성이는 그대 고운 발자국처럼

손을 뻗어도 닿을 수 없고
바라보아도 만질 수 없는
소리쳐 불러도 대답 없는
지평선 너머 꿈길 같은 그리움

고독의 잔

작은 별을 고독의 잔에 담아 마시면
고독의 흔적은 어느새 스러진다
사랑을 그물질을 해도
투망에 걸려드는 것은
찌들은 삶에 허덕이는 목마름만
별을 낳는 것은 밤이 아니라
외로움에 비틀거리는 눈물
별이 떨어질 수 있는
작은 뜨락을 마련한 자에게만
사랑은 찾아오는가
벌컥벌컥 냉수라도 들이켜고 싶은
헛헛증 심한 날
고독의 잔에
아무리 별을 채워 마셔도
허한 가슴 채울 수 없네

눈 한번 질끈 감아보자

질끈 눈 한번 감으면
모두가 지워질 세상
기억하려 애쓰지 말자
숱하게 지나온 바람도
결국 돌아서 제자리를 스쳐
또 흘러가는 것

정녕 가슴을 후벼놓은 그 질긴
희망자락 하나 붙잡고 싶다
누구신가 텅 빈 들녘에 돌개바람
휘몰아치듯이 부르는 소리
막상 뒤돌아서면 메아리 되어 아무것도
보이지 않는 끝없는 그리움

아직 버릴 수도 채울 수도 없는
너의 그림자여
밤새 방랑도는 내 영혼의 눈물은
결국 눈물이 아니라 빗물이었구나

그래 눈 한번 질끈 감아보자
지워진들 얼마만큼 지워지겠는가

사랑은

누군가를 죽도록 사랑할 수 있다는 것은 엄청난 용기다
뼈를 깎는 고통이 없는 사랑은 성숙할 수 없으며
배려 없는 사랑은 거짓이다
진실한 사랑은 겉으로 나타나지 않으며
보지 않아도, 손으로 만져 확인하지 않아도
여전히 변하지 않는 한 그루 소나무처럼
언제나 푸른 꿈을 갖는 것

그대는 절실한 사랑을 해보았는가
그 사랑이 남녀의 사랑이든
부모와 자식 간의 사랑이든
이웃 간의 사랑이든
신과의 사랑이든 사랑은
언제나 부끄러움 없이 나를 드러내며
상대방의 모든 것을 인정하고 수용하는 것

사랑은 시작도 끝도 없는 수평선 위에서
홀로 우는 새 한 마리처럼
정녕 견딜 수 없는 외로움에도
그를 구속하지 않고 놓아주는 것

바람과 잎새

바람이 스쳐 지나간 자리에는 여전히 잎새 하나 파르르 떨고 있다 붙잡을 수 없는 너이기에 말없이 보내기는 하지만 시린 가슴에 몰아치는 폭풍은 그리움이라 부르고 싶다 흔들리는 것은 잎새가 아니라 북풍 추위에 내 온몸 어깨를 들썩이는 침묵 속에 오열인 것을 너는 모르리

바람아 너를 찾다가 창백하게 나동그라지는 몸부림을 부디 외면하지 마라 평생 너를 기다리다 홀로 외로운 잎새가 되어 이 자리에 서 있는다 해도 메말라가는 내 영혼이 호흡하는 순간까지

너는… 바람…
나는… 젖은 가슴으로 흔들리는 잎새
네가 스쳐 지나가면 나는 여전히 파르르 떤다

들꽃

결코 화려하지 않아도
은은한 향기는

텅 빈 공간을 가득 채운다
결코 눈부시지 않아도
따스한 햇살처럼
늘 편안함을 준다
바라만 보아도
언제나 그 자리에
가슴 깊은 그리움

그대는
젖은 눈망울로
다가오기만 하라

밀어내기

행여 그대의 빈 가슴에
예고 없이 내 그림자가 찾아들거든
사정없이 밀어내기

어쩌다가 눈부신 햇살처럼
한 줄기 슬픔으로 그대 찾아가면
냉정하게 돌아서기

나는 그리움으로 인해
봇물처럼 터지는
서러움을 안고 울어도
그대는 남빛 푸른 하늘마냥 언제나
잔잔히 웃기

언젠가는 다시 돌아올 그대의 자취를
나는 밤 깊도록 마냥 서성거려도
그대는 내가 떠난 후에는
절대 기다리지 말기

만남은 이별의 시작이며
이별은 만남의 끝이라 해도
내 가슴에 남겨 진 그대의 별은
지워지지 않아도

그대는 만남도, 이별도
미련 없이 지워버리기
내가 사라진 후에는…

달맞이꽃

기다림에 지친
긴 목덜미를 타고
어둠 속에 홀로 서있는
너는 외롭지 않니

비가 오면
구름에 가리면
너를 보고 싶어
한 아름 달려오던 달님도
몸부림치며 님프[1] 너를 부를 텐데
사랑은 왜 이토록
끝없는 기다림의 연속이어야 하는 거니

사랑이 여윈 네 볼 위를 타고 흘러내리는
눈물만큼 아픈 것이라면 차라리 잊으렴
차라리 두 눈을 꼭 감고 지우렴…

소슬한 바람에도 고개 흔드는 너는
오늘도 달님을 기다리다

---

1) 그리스신화에 나오는 요정(妖精)의 총칭

마지막 호흡까지 영롱한 꽃망울을 만들어,
저만큼 달려올 것 같은 임을 향해 피었구나

네가 흘린 눈물방울이
오늘은 내 가슴에 맺혀 나도 기다림이 되련다
누군가 달맞이 꽃 피는 밤을 기억하면
나의 외로운 기다림도 함께 기억되겠지

달맞이꽃 피는 이 밤
달빛 가리려 구름아 가질 마라
오늘은 달맞이 꽃 달님을 만나면
나도 임을 만날 것이니…

비 오는 날의 이별

젖은 눈망울은
소리 없는 함성

돌아보지 않으려 해도
가슴에 묻고 가는 길

빗물이 눈물 되어
거친 내 뺨에 흐른다

안녕이라 말하지 마라
이별 없는 만남은 없으려니

만남 없는 이별 또한
존재하지 않으려니

사랑이 떠난 자리에는
언제나 눈물의 비가 온다

잊은 것이 아니라

잊은 것이 아니라
잠시 가슴에 그리움을 삭이지 못해
나만의 몸짓으로 흘려보내고 있었을 뿐

얼마나 큰 구멍이 뚫릴 지도 모르면서
여전히 그대를 떨쳐버리지 못함은
사랑했기 때문이야

가슴 깊은 곳에 숨겨놓고
아무에게도 들키지 않으려
애써 묵묵히 살다보면

잊은 것이 아니라 불현듯
그대 뒷모습 닮은 그림자에
울컥하며 우는 날도 있겠지

빗방울

유리창에 스스로 내던져 형체 없는
영원히 슬픔의 기억에서
사라진다 해도
결코 눈물이 될 수 없는 너

이대로 녹아
잊은 듯이 살면서
삶의 힘겨움에 잠시
이름 모를 나뭇가지에 머무를 때

정녕 잊혀진 것이 아니라
잊은 것이 아니라
가슴 밑바닥에 고인
그리움이었노라

이별은

잊혀지는 것이 두렵지 않지만
행여 내 가슴 속에서
당신이 퇴색될까 두렵습니다

기다리는 것이 힘겹지 않지만
행여 당신이 날 모른 척
뒤돌아 서버릴까 두렵습니다

떠나버린 것이 슬프지 않지만
행여 내 마음 속에 사는 이마저
떠나버릴까 슬퍼집니다

남은 자 갈대처럼 흔들려도 걱정 없지만
떠난 자는 그 매정한 바람을 이고
어디로 방황할까 걱정입니다

잎새들의 사랑

서러움조차
눈물로 메말라버릴 때
무모한 몸부림으로
파리리 떤다

차라리 독풀인 양
모질게 남고 싶은
잎새들의 흐느낌에도
야멸찬 채찍을 가하는 바람

일제히 떨어지는 잎새들이
얼마나 뼈저리게 고독한지를
얼마나 허기지게 슬퍼하는지를
꽃들은 진정 알고 있을까

내가 죽어야 그대가
더욱 황홀함으로 살아 있음을
결코 함께 남겨질 수 없음에도
너무나 깊이 사랑하고 있음을

시름을 베개처럼 베고

살며시 기대고픈 숲속의 나무그늘처럼
지친 영혼을 잠시 쉬어가고픈 그대여
그대 곁에 서면 잊어야 하는데 지워야 하는데
웬일인지 더욱 더 또렷이 가슴을 후비네요.

선뜻 뒤돌아보면 꿈같은 추억의 잔재들이
바람에 뒹구는 낙엽처럼 떨어져 가슴을 태우는데
다가가면 다가갈수록 허전한 삶의 귀퉁이에서
밑바닥에 가라앉은 서러움들이 격렬히 일어섭니다

그대 곁에서 잠들고 싶어요.
회한일랑 쿠션 좋은 매트리스로 깔고
시름을 당신의 무릎처럼 베고 아픔을 귀 파듯 잊으며
아주 잠깐이라도 꿀같이 잠들고 싶습니다

들꽃처럼

나는 결코 가난하지 않다
날마다 금사라기 햇볕을 받는다

나는 결코 목마르지 않다
새벽이면 마시는 이슬이 있다

나는 결코 외롭지 않다
저녁마다 달님의 축복을 받는다

나는 결코 하찮지 않다
그 많은 나무들의 동경을 받는다

나는 결코 심심하지 않다
그 아리따운 새들의 공연을 받는다

나는 결코 술 고프지 않다
뭇사람들을 취할 만큼 향기를 지녔다

나는 결코 화려하지 않으나
그 누구도 부럽지 않은 들꽃처럼 살련다

2부
붉은 포도주

인생의 겨울

단풍 아름다운 가을인가 했는데
어느새 하얗게 세월이 쌓인 겨울이네요.
인생의 겨울은 어떤 색깔일까요
저마다 나름대로 색깔을 내고
살아가는 우리들의 삶 속에서
가끔은 눈보라치는 창밖처럼
때로는 폭풍 부는 언덕처럼
그리고 어느 날은 눈부신 햇살이 가득한
따스한 볕 아래 꿈꾸는 병아리처럼
그렇게 세월의 물줄기를 따라
안전한 포구에 다다랐을 때
비로소 우리는 인생의 겨울을 바라보며
황홀한 미소를 지을 수 있었으면 좋겠습니다
아무리 거센 바람이 몰아와도
뿌리 깊은 나무는 비록 흔들려도
결코 쓰러지지 않는 다지요
반석 위에 깊게 뿌리를 내리는
믿음으로 연약하지만 흔들리지 않고
꼿꼿한 사람이 되게 하소서

다시는 흔들리지 않게

무수한 세월의 늪에서
고뇌의 쓴 잔을 삼키며
허우적거리던 내 삶을 향하여
드디어 마침표를 찍으리니

다시는 흔들리지 않도록
그대 견고한 사랑의 줄로
나를 동여매 주오
내 영혼이 힘겨워할 때
그대의 살과 뼈로 잠시 안식하게 하소서
그러다 곧 후드득 정신을 차리게 되면
그대와의 질긴 인연의 끄나풀조차 과감하게 잘라
홀로 저 거친 세월의 강에서
요동치며 헤쳐 가도록 내버려두오

숨이 붙어있는 한
눈물로 사는 한이 있다 해도
다시는 그대 그림자 앞에 서성이지 않도록
모질게 뒤돌아서 주오

봄볕 같은 그대

마지막 한 방울의 눈물이라도
아낌없이 흘리고픈 눈부신 날에
낡은 사진 같은 그리움을 펼치고 있소
물보라 같은 그대를 향해
나는 애써 눈을 감으오

대가 있는 그리움도,
대가 있는 사랑도 아닌
무상으로 다가오는 봄볕처럼
아무런 대가 없이 드리고픈
봄볕 같은 그대를 기다리오

봄날의 커피

창가에 머무는
아침 햇살이 눈부시다
이렇게 맑은 날
혼자 마시는 커피에
눈물이 난다

모락모락 피어오르는
수증기처럼 현기증이 인다
커피를 마실수록
커피 잔의 온기가 식어가고
그대의 온기도
차츰 잊혀져간다

너무나 눈부셔
차라리 슬픈 봄날의 커피는
안 마시느니만 못하다

다시 피어나고 싶어요

한 잎 꽃을 피우기 위해
수많은 나날을 고통으로 보냈다는 것을
당신은 아시나요.

어린 꽃잎이 성숙해지기까지
얼마나 많이 울었는지를
당신은 정녕 알고 계시나요

꽃망울은 당신을 위해 찬란히 피어난 후
스스로 기꺼이 자신의 몸을 불태우며
사라져버립니다

가냘픈 꽃잎이 바람에 흩날리다
하나 둘 발등에 떨어진 꽃잎을 보며
당신은 무슨 생각을 하시나요

세월이 한참 흐른 뒤에도
아픔을 기억하지 못 하는 당신을 그리워하며
스스로 태워버린 꽃이 있다는 것을 행여 아실까요

다시 피어나고 싶어요
비록 또다시 고통의 나날이라 할지라도,
사랑하는 당신을 위해 청초한 꽃망울로

만남과 이별

만남은 끝이라 더라
둘만을 짝지어놓고
한눈을 팔지 못하게 한다 더라
이별의 시작이라 더라
떠난 사람을 잊기 위해서는
새 사람을 만나야 한다더라

바람에 뒹구는 낙엽처럼
서로 바라보다 흩어지면
새로운 만남이 시작되고
새싹이 돋기 시작하면
이별을 준비해야겠지

만남이 있는 곳엔
이별이 기다리고 있고
이별이 있는 곳엔
만남이 있으려니

꽃잎

꽃으로 태어난 그대여
물결 위 그리움처럼 번져
살며시 잡으면
어느새 수줍은 듯 흩어지는
그대 숨결
꽃처럼 아름다운 그대
어디 가면 만날 수 있을까
출렁이는 것은 물결이 아니라
그대 사모하는
마음이려니

끝 모를 길

바람 한 점 없는 길을 걷다가 문득 걸음을 멈춰 섰다
매일 지나가던 길이건만 불현듯 방향 감각을 잃어버렸다
어디로 가야하는가 잠시 흔들리는 나
망각의 강줄기에 은빛 날개 접어둔 외로운 새 한 마리
정녕 어디로 가야하는가

뒤돌아보면 끝없는 길을 걸어왔다
어느새 땅거미 지는 인생의 길섶에서
잠시 푸드덕 푸드덕
지친 날갯짓으로 몸부림친다
정녕 어디로 가야 하는가

잃어버린 것을 찾으려 애써 눈물 흘리지 마라
망각의 강이 다다르는 곳이
어디인지 알려하지 마라

돌아올 수 없는 길이라고 단정짓지 마라
끝 모를 길이라지만 우리는 여전히 발걸음을 옮겨야 한다

붉은 포도주

슬픈 목젖을 타고
허해진 심장 깊은 곳에 닿으면,
짜릿한 전율이
온몸을 톱니바퀴처럼 할퀴고 지나간다
투명한 유리잔에 붉디붉은 장미보다
더 짙은 나의 영혼의 핏방울이여
뚝뚝 떨어지는 그리움을 입술에 담아
젖은 눈망울로 가슴에 보내면,
어느새 장미 가시처럼 마구 찔러대는 아픔에
더 견딜 수가 없구나
사랑한다 말 한 마디 못하고 떠나온 그 자리에
들꽃처럼 피어나는 서글픈 인연의 흔적들
아… 잔을 채워라
상처의 가슴보다 더 붉은 포도주여
빈 잔을 가득 채워
그리움도 사랑도 잊은 듯이 삼켜보자

그리운 얼굴

꿈이 아니야
속는 것도 아니야
다만 그리워하는 거야
애써 기억하지 않으려고
안간힘을 쓰면 쓸수록
지우려고 몸부림치면 칠수록
뿌리 깊은 나무처럼 너무 깊숙이
자리 잡고 있는 얼굴이기에

울면 울수록
잊으려면 잊을수록
더욱 선명하게 가슴을 파고들어
세차게 도리질해도 어쩔 수 없어
잊고 싶은 것이 아니라
보고 싶은 거야
그리워하는 거야
사랑하는 거야

고백할 수 없는
너무 먼 하늘에 있기에
그냥 지우고 싶은 거야
다가가면 한 줌의 재처럼
뜨거운 사막 모래땅의
신기루처럼 사라지기에
부디 내 뜨거운 심장을
비켜가기를 바라는 거야

그리움의 대상

우거진 수풀 사이로 불어오는
바람소리를 들어보라
그리운 사람의
목 메인 휘파람 소리를

적막한 강 건너로
번져오는 물결의 흐름을 보라
부서지듯 허물어진
보고픈 사람의 애달픈 미소를

거치른 들녘을 파고드는
붉은 노을을 보라
터져버린 가슴을 뚫고 나온
뜨끈한 선혈의 흩어짐을

눈 시린 하늘가
흩어지는 구름을 보라
외로운 나그네 눈물처럼
번지는 사랑의 흔적을

끝이 없는 안개 속 저 너머
그리움의 대상은 누구이련가
그대는 잡을 수 없는 메아리일 뿐
어찌 내 마음은 서러움만 가득한고

꽃

너는 눈물
못 다한 사랑 가슴에 안고
말없이 흘리는 너는 눈물

너는 그리움
가슴이 연분홍빛으로 물들어
파르르 몸서리치는 너는 그리움

너는 불꽃
사랑하는 사람을 위하여
아낌없이 타오르는 너는 불꽃

가슴으로 우는 눈물
시들지 않는 그리움
끝없이 타오르는 불꽃

가을이 가면

추억의 거리에
하나 둘 떨어지는 낙엽
바람이 모질게 쓸어 가면
나도 이제는 떠나야 하리
가을이 가면
뒤돌아보지 말자
행여 그리운 얼굴 하나
눈물로 얼룩진 가슴 후비면
텅 빈 들녘의 외로운 갈대
허리를 꺾으며 그대를 불러도

그대, 긴 그림자 남기며
뒤돌아서지 마오

가을이 가면
시린 이 가슴
무엇으로 데울까

인생살이

강물은 스스로 요동하지 않는다
거울은 스스로를 비추지 않는다

인간은 괴로움을 버리려면
강물에 마음을 씻듯
거울에 자신을 비추듯
그렇게 씻고 비춰야 하리
물결친들 강이 사라지겠소
먼지 낀들 거울이 빛을 잃겠소
나의 괴로움은 내가 만드는 것이니
나의 괴로움 또한 내가 치유해야함

강물처럼 흐르며
거울처럼 수용하며 살자

갈바람

누구의 슬픔일까
저만큼 떠나가는 가을을
애타듯이 불러 가슴을 후벼놓는
이 차가운 몸부림은
누구의 가슴앓이일까
차마 떼어놓을 수 없는 발걸음
미처 붙잡을 수 없는 손길
떠나는 이와 보내는 이
그리움이 하얗게 눈꽃처럼 온 하늘에 퍼져
바람이 되었나 보다
갈 수 없는 나라
보낼 수 없는 이 땅의 이별은
모두 갈바람인가

첫눈이 오면

첫눈이 오면
하고 싶은 것이 너무 많아요
외길로 난 발자국을 찍어
당신으로 향하고도 싶구요
발자국무늬로 꽃을 찍어
당신의 영혼의 마당에
내 마음의 꽃밭을
만들어드리고도 싶네요

첫눈이 오면
내 마음의 소원을 담아
그대에게 뿌려주고 싶어요.
아직도 꺼지지 않은
사랑의 불꽃으로
그대 창가에 머물다가
아주 작은 물방울로 변하여
이내 사라진다 하여도

첫눈이 오면
이 세상에 제일 먼저
그대를 찾아가
아무 생각 없이
백지처럼 당신을 받아들일 수 있는
그런 사랑하고 싶어요
기꺼이 당신을 위해
첫눈이 되고도 싶네요

별꽃

떠난 이 붙잡지 못한 아쉬움
꽃으로 가득하다
뒤돌아보면 폭풍 같은 세월
휘청이는 어지럼증이
밤하늘의 유성처럼 떨어진다

숱한 날
너를 그리워하다가
별꽃 되어 떨어지면
저 거치른 들판에 피어나는
달맞이꽃이 되겠지

달려와 안으렴
네품을 그리워하다가
잠이 들었노라고
가슴에 숨겨놓은
별이야기 들어보렴

밤하늘에는 여전히
온통 별들이 가득한 걸 보니
아직도 못 다한
너와 나의 이야기들이
수두룩한가 보다

고독한 아침

간 밤, 그리도 요동치던 바람은 어디로 갔을까
허기진 삶을 부둥켜안고 뜬눈으로 눈물지던 밤사이
뜨락 앞에 피었던 새하얀 목련도 함께 울었나보다
툭 툭, 떨어진 하얀 꽃잎마다
바람에 할퀸 시퍼런 멍만 가득한 것을 보니

배고픔보다 더 견디기 힘든 것이 외로움이라지만
정녕 하늘을 안고 있어도
채울 수 없는 허기짐은 무엇이라 부르랴

눈을 떴으니 살아있는 것은 분명한데
죽은 듯 차가운 심장을 가진 그대
체온으로 녹일 수 없는 무수한 눈물자국
고독한 칼날을 앞세우며 시작하는 아침
더 이상 눈물을 흘리지 않으리

나는 무엇이기에

너는 바람에 흩날리는 꽃향기더냐
왜 이렇듯 가슴에 너의 향기 가득 심어놓느냐
눈물아 너는 수정으로 만든 보석이드냐
왜 이렇듯 가슴에 투명한 결정체를 만들어놓느냐
별들아 너는 나를 위해 무엇을 해줄 수 있겠느냐
내 사랑 그대 가슴에 별꽃을 뿌려주렴
행여 그 사람, 별 끝자락이 펴지는 날

가던 길 멈추고 내 생각에 잠겨
밤하늘에 수놓은 너를 쳐다보면
별아 너는 한 아름 내게 다가와
그 사람의 시선이 담긴 별 나라에 나를 데려가렴
사랑아 눈물아 별들아
나는 무엇이기에
이토록 힘겨운 그리움에 목메어 하는가

모두가 사랑이려니

간혹 창밖에 흐르는 달무리가
고독한 그림자려니
그냥 가슴에 담아도
채워지지 않는 그리움이려니
끝없이 몸부림치다
산산이 부서지는 외로운 파도려니

그대, 어느 산 넘어
모퉁이에서 날 기다려주려니
이제 부지런히 날갯짓으로 눈물짓다보면,
노을 진 들녘 끄트머리를 다다르려니
보고 싶으려니 그리우려니 사무치려니
모두가 사랑이려니

3부
외로운 달

그리운 것은

질끈 눈 한 번 감으면
모두가 지워질 세상이여
애써 기억하려 하지마라
숱하게 지나온 바람도 결국
돌아서 제자리를 스쳐
또 흘러가는 것을
정녕 가슴을 후벼놓은 그 질긴
희망자락 하나 붙잡고 싶다
누구신가
저 텅 빈 들녘에 돌개바람처럼
휘몰아치듯이 부르는 소리는
막상 뒤돌아서면 메아리 되어 아무것도
보이지 않는 끝없는 그리움이여
아직도 버리지도 남기지도 못해
채워지지 않는 너의 그림자여
결국 우는 것이 아니라 빗물이었구나
밤새 떠도는 나의 영혼의 눈물은…
그래 눈 한 번 질끈 감아보자
지워진들 얼마만큼 지워지겠는가

침묵의 사랑

말이 없다고
할 말이 없는 것이 아니외다
입을 벌리면 봇물처럼 터져 나올 것 같은
함성들을 가슴팍에 그대로 말없이 두어도
어느새 침묵 속에 들어와 있는 그대는 누구신가
말하지 않아도 듣는 이여…

눈물 흘리지 않는다고
울지 않는 것은 아니외다
입술만 벌려도 잔잔한 호수 위에
일어나는 파문처럼 걷잡을 수 없을 것 같아
그냥 눈을 감고 있어도
어느새 보듬어주는 그대는 누구시요
내 마음속에 사는 이여
쉿! 아무 말 말아주오
말없이 그대로 바라만 보아도
이미 내 마음을 읽어버린
침묵의 그대여

명절 밑에

휘황히 달 밝은 밤 복분자술 한 잔
불그스름 취기 오른 볼우물에
어느새 뜨거운 눈물 고이고
고향사람들 웃음소리 귓전에 맴도는데
달님은 어서 고향으로 오라 손짓하네
어릴 적 북녘 땅에 고향 둔 아버지는
물안개 핀 한강 둑에 앉아
커다란 등이 들썩이도록 우셨거늘
정녕 고향 땅이 어디멘가
정붙이고 사람 사는 곳이 고향이련가
27년 넘은 이국생활 이제 정 붙일 때도 되었건만
여전히 물 설고, 낯선 땅
구석진 하늘 아래 오늘도 설움의 한숨소리
가고 파도 갈만한 고향 땅 없는 이 밤
보름달 아래 외로운 그림자
어허야 에헤야
홀로 춤사위 나풀대니
바람도 달님도 소리 없이 우누나

가끔은

차라리 지나가는 바람줄기가 되고 싶네
눈길조차 주지 않은 이름 없는 풀잎처럼
힘없이 피었다가 사라지는 눈물이 되고 싶네
홀로 똑바로 서있으려면 허리춤을 꺾는
갈대 이파리처럼 차라리 오만하고 싶네

그대는 인생을 무엇이라 부르겠는가
흐르는 강물이라 하겠는가
결코 되돌아 갈수 없으므로
언제나 바다를 향해 달려가기에

그래…
그대 앞에 마냥 서 있듯이 시간도 그렇게
멈추었으면 좋으이

다시 바람이 되돌아 그대 앞에 잠시 머물듯이.
가끔은 눈물 없이 우는 풀피리가 되었으면 싶네
가슴으로 우는 새이고 싶기에

새벽이슬

마지막 안간힘이다
생의 끄트머리에서
살겠다고 몸부림치면 칠수록
나는 눈부신 태양빛에 어지럼증을 느낀다
산다는 것은
조금씩 흔적도 없이
보이지 않게 서서히 자신을 녹여
홀연히 광활한 우주를 떠돌다
대지 위에 영원히 잠드는 것일 텐데
여전히 안간힘으로 잡으려하는
나의 욕심은 끝이 없다

뚝, 떨어지면
흔적도 남기지 못할 것이

촛불을 보라

언제나 말없이 자신을 태워서
어둠을 쫓지 않는가
자신보다 남을 더 사랑하기에
비록 타다가 사라진다 하더라도
덧없이 희생하지 않는가

얼마만큼 더 많이 울어야 우리 속이
다 타버릴 수 있을까
이젠 버릴 것도 남을 것도 없는
텅 빈 가슴으로 하늘을 바라보라

여전히 밤새 불어 닥친 삭풍에도
꼿꼿이 깃을 세우는 갈대처럼
그대도 일어서시게, 일어서시게

우리 모두가 촛불처럼
빛으로 하나 되면 어둠은
서둘러 자취를 감추리

비껴가는 것

정작 만나야할 사람들은
간발의 차이로 놓쳐버린 기차처럼
멀리 바라보고만 있다
쳐진 어깨 위로 비껴가는 아침 햇살처럼 말이다
오늘 아침은 우울한 하늘이 자꾸만 떨어진다
별 한 점 없던 어젯밤에는
우수수 눈물처럼 낙엽이 떨어지더니

정작 보고픈 사람은
그림자도 남기지 않고 멀어져 가는데
끝내 그리워하던 그림자 하나
나무 뒤에 숨어 훌쩍인다

가는 사람
보내는 사람
모두 비껴가는 것이 인생인 것을

갈망은 아픔인가

지구 저편에 있는 사람을
그리움이라 하자
지구 이편에 있는 사람을
눈물이라 하자
그리움이 짙어지면
눈물이 된다 하니
그리움과 눈물은 서로 하나

바람 저쪽에 있는 사람을
사랑이라 하자
구름 이쪽에 있는 사람을
기다림이라 하자
사랑하기에 기다려야 하니
사랑과 기다림은 서로 하나

그리워 흘리는 눈물
오랜 기다림에 피어나는 갈망
갈망은 정녕 아픔인가

나의 노래

내가 죽어 그대가
고고하게 찬란한 꽃망울이 된다면
아낌없이 내게 남아있는 진액을 뽑아
그대의 아름다운 줄기에
링거처럼 꽂아주고 서서히 마르리
그대를 향한 목마름으로
가날픈 잎새가 되어,
외로움을 떨쳐버리지 못하고
사랑하는 그대 위해
내 기꺼이 생명 바치면,
그대는 수십 개의 눈부신
화려한 꽃망울이 되어
파아란 하늘을 향해
도도하게 가슴을 열고

우리, 평생을 만나는 일없이
가슴을 태우며
그대의 고운 향기에
흩날리는 홀씨처럼
그대 발아래 죽어 썩으리

나는 잎새
그대는 꽃망울
평생을 그대를 향한
목마름으로 떨어지는
잎·새 하나

화장을 지우며

죽음의 강 같은 밤이면
참회하듯이 두꺼운 화장 껍질을 벗긴다
어머니 뱃속 같은 칠흑의 어둠을 붙잡아
눈물처럼 번지는 거친 피부 속에
창백한 사람 하나
너는 누구냐
오만의 껍질도 벅벅 문질러 벗겨버리렴

거울에는 여자는 없고
늙은 여우 하나
도도한 눈꼬리 치켜 올려도
젖은 눈망울 어찌 감추랴

삶을 묻는 사람에게

누군가 삶이 무엇이냐 물어오면
어떻게 말해줄까
남몰래 목마른 그리움을 가슴에 묻고
잊으며 사는 것이라고 말해줄까
하얗게, 하얗게 밤을 지새우며 별을 세며
긴 서러움의 나래를 펴고
어디론가 가고 싶은 몸부림이라 말해줄까
구름 따라 산모퉁이를 돌아가는 나그네처럼
처음도 끝도 아닌 인생의 길목에서
저만큼 붉은 노을 미래를 바라보는
슬픈 눈동자라고 말해 줄까
누군가 내게 삶을 물어보면
나는 아무 말 없이 들꽃 하나 꺾어주리라
삶이란 들꽃처럼 사는 것이라고

감사함으로

어느새 지나간 한 해를 마무리하면서
돌이켜보면 감사해야 할 것들이 참 많습니다
건강할 때 미처 깨닫지 못했던
우리 숨 쉬고 있는 이 미세한 작은 공기조차도
얼마나 감사한지
들이킨 숨을 내 뱉을 수 있다는 것이
우리에게 큰 축복이라는 것을 느낄 때
비로소 내 주위에 작은 것들조차
소홀할 수 없는 사랑이요
소중한 것임을 새삼 눈뜨게 되지요
여러분은 지금 무엇을 감사하고 있나요
숨 쉬는 순간순간마다
아침 눈을 뜨면
또 하루를 내게 허락하신 황홀함에
눈물을 흘려보셨나요
깊은 밤 문득 눈을 떴을 때
뼛속까지 시린 외로움 속에서도
누군가 나와 함께 있다는 것이

너무 고마워 어깨를 들썩이며 울어보셨나요
아, 참으로 눈에 보이는 것들 모두가
내게는 사랑하고픈 것들이요
감사함 투성이임을 고백합니다

산다는 것은

산다는 것은 무엇인가
두려워 말고
하늘을 보라
구름 한 점 없는 하늘이
몇 날이나 되랴
깊게 파여진 세월의 고독만큼
투명해지는 삶의 무게
산다는 것은
옷 벗은 나뭇가지가
봄을 기다리듯이
그대를 사랑하는 것이리
고드름이 눈물을 흘린 만큼
봄이 빨리 찾아오리

차라리 나를

차라리 버리라 하소서
내 작은 몸 녹여 어둠 밝히는
빛으로 남을 수 있다면
기꺼이 나를 버리겠습니다

차라리 나를 태우라 하소서
욕심도 교만도 삭히고
미련도 사랑도
겸허히 태우겠습니다

오직 나를 버리고 태우고
텅 빈 마음속에 당신의 가르침으로
차곡차곡 진리를 쌓아
언젠간 당신 앞에 서리다

망각

아직도
가야할 길이 멀지 않은가

밤하늘의 별들은
한 줄기 빛을 발하기 위하여
몇 백만 광년을 지나
겨우 그대 창가에 서성이는 것을

잊혀진 얼굴이기보다
잊어야 한다는 것이
더 고통스러운 상처를 안고
살아가는 우리네 삶 속에서
애써 잊혀진 추억들을
들추어내지 말자

굽이굽이 강물이 흐르다 보면
언젠가 바다에 닿아
끝내 광활한 세상에 묶여
잊은 듯이 살아갈 것을

오늘
내 기꺼이 그대를 향해
촛불을 밝히리다

내 몸을 불살라
그대를 위한 마지막 눈물을 흘릴 수 있다면
흔적도 없이 사라지는
촛농이 되어 녹아버린들 또 어떠랴

언제나 이 자리에서

언제나 이 자리에서
그대를 기다리겠습니다

바람이 불고 눈보라가 몰아쳐도
늘 변하지 않는 푸른 청솔이 되어
먼발치에 서서

삶을 힘겨워하면서도
웃음을 잃지 않는 그대의
하얀 미소를 그리며
언제나 이 자리에 서있겠습니다

잠시 눈을 들어
나를 바라볼 수 있는 창가
그대 눈높이쯤에서,
그대의 까치발이 힘들지 않도록
잔잔히 가느다란 줄기를 흔들어 부르겠습니다

지치고 피곤할 때면
그대가 잠시 기대어 쉬어갈 수 있도록

넉넉한 그늘이 되어
언제나 이 자리에서
그대를 바라볼 것입니다

외로운 달

하늘빛 그리움을
고이고이 접은 가슴

어느 날 불현듯 드리운
낯선 그림자에 후다닥 놀라
창문 열고 얼굴 내밀면
여전히 그 자리에 서 있는
미루나무 꼭대기에 걸려있는
외로운 달

파르르 떨리는 속눈썹 사이
떠오르는 얼굴 하나
지나는 바람결에 딸려 보낸들
그대, 애써 기억해줄까

오늘 밤도 바둥거리며
그대를 찾고 있음을

인생은 반드시 끝이 있다

밤은 별을 낳는 것이 아니라
바람을 낳는가 보다

바람은 스쳐가는 것이 아니라
시린 가슴에 눈물로 떨어지는가 보다

눈물은 미처 토해내지 못한
응어리진 내 삶의 서러운 흔적 인가보다

삶은 또다시 하루를 보내면서
한 자락 붙잡고픈 세월인가 보다

세월은 정처없이 흘러서 가다가
어느 순간에 멈추는 시간인가 보다

시간은
우리를 몰고 가는 인생이다

인생은 반드시 끝이 있다
다시 돌아갈 수 없다

그리움을 도려내자

밤이 길다는 것은,
그리움이 짙어진다는 것

깊은 밤에도
불을 끄지 말자

잠 못 이루며 서성이는 희미한 달빛이
젖은 눈동자로 내 창가에 내리면

휘젓는 내 손아귀에 어느새
고뇌의 술잔이 들려있다

가슴에 남겨진 상처가 미처 아물기 전에
다시 그리움으로 시려 오는 것은

아직도 내 깊은 폐부 속에 남겨진
오만의 덩어리를 잘라내기 위한 수술일지도 모른다

수술대에 누워있는 환자처럼
어둠을 거부하는 고독한 몸짓으로 날마다 밤을 밀어낸다

밤이 길다는 것은
그리움이 짙다는 것

나는 오늘도 날카로운 칼날을 세워
너를 향한 그리움을 도려내기 시작한다

눈물

아직도 메마르지 않은
눈물이 있다는 것은
참 신기한 일
울 수 있다는 것은
살아있다는 것
운다는 것은
참으로 매력 있는 일이다

떨어지는 눈물방울마다
설움의 잔재들이
일제히 나뭇잎 흔들어놓듯
어깨를 들썩여
잠자는 영혼을 깨우는 것
살아서 울 수 있는 날이
행복한 순간이다

인생이 무엇이길래
뒤돌아보면
끝없이 밀려오는 파도처럼
왔다가 다시 사라지는
아스라한 그리움은 점점 잊혀져가는데

이제 바라보면
메마른 광야를 가로지른 노을빛 끝자락에
등이 휘어진 삶의 무게를 안고
정녕 나는 무엇이 되어 살아갈까

인생이 무엇이길래
그대는 누구시길래

별

가슴에 묻어두면
어느새 투명한 이슬처럼
빛나는 눈물이어라
떨어져도 정녕 내 가슴인 것을

허기진 서글픔으로 밀려오는
은하수 저 너머에
아직도 남은 그대 그림자

긴 목젖을 드리우며 울어대는
가시나무 새 피 토하는 밤이면
아직도 추스르지 못한 그리움에
휑하니 나부끼는 내 그림자

구름에 하늘이 덮인들
별이 영영 사라지랴
잠시 멀어지는 것을

미처 추스를 사이 없이
우수수 별똥이 떨어지는 밤
한 줄기 바람이 흘러간다

4부
장미를 사랑한다면

인연

갈 곳을 모르는 발길
우연을 가장한 필연으로
마주쳐야 하는 쓸쓸한 재회,

다시 스쳐가야 하는 너의 뒷모습을 따라
해질 녘 노을의 긴 그림자를 붙들고 울었다

아직은 검붉은 노을빛 물감처럼
옷깃에 배인 너와 나의 만남의 자락은
어쩌면 전생의 원수였는지 모른다

그토록 으스러지듯
파고드는 바람으로
시린 가슴속에 남아 있는 까닭을 보면

힘겨운 손짓으로 불러도
되돌아보지 않는 너를 향한 미움이
어느새 이생의 그리움이 되어 찾아오면
지울 수 없었던 인연은 사랑이 된다 했던가

폭풍처럼 내닫는 바람을 잠재우려다
내가 먼저 지쳐 그리움으로 서성일 때
다시 스치듯이 찾아올 너의 그림자는
지금 어디쯤 와있을까

장미를 사랑한다면

장미를 사랑한다면
장미의 가시도 사랑하자

그대 눈부신 자태에
아침 이슬방울 하나
툭,
눈물처럼 떨어진다

수정 같은 맑은 미소
풀잎 같은 청초한 사랑

꽃잎 송이송이마다
맺혀있는 나의 숨결
가시 같은 그대 마음
봄눈처럼 녹았으면

장미 같은 그대
장미 가시 같은 그대 마음
행여 그대의 날카로운
가시가 내 심장 깊숙이 찔러

그대 향기
그윽이 안은 채
차라리 죽는다 해도 좋으리

장미를 사랑했으므로…

가을 그리고 그대

저만큼 가을이 오는 길목에 서면
잊혀져가는 내 삶의 한 귀퉁이가
그리움에 젖은 노을빛 가슴으로 타들어간다

어디로 가는 것일까
저 거친 인생의 바다에서
휘몰아치는 폭풍과
높은 파도와 싸우는
외로운 배 하나, 그대는

가을이 오면
내 견딜 수 없는 그리움에
목마름으로 타는 가슴에도
촉촉한 비로 내려 주시려오 그대!
기약 없는 약속 대신
낙엽 지면 다시 오려니

정녕 이 메마른 사막에도
가을은 오려는가
저토록 눈물샘 흘려놓는 바람에

잎새는 사정없이 흔들리는데
그대…

가을엔 떠나고 싶다

떠나고 싶다
끝없는 광야
어딘가에 묻혀있는
우물을 찾아
먼 길 떠나고 싶다
돌아보면
외로운 사람끼리 부대끼며
살아온 나날들

기억해보니 아득한 추억 저편에
나부끼는 낙엽인 것을
나뭇잎은 떠나는 것이 아니라
잠시 새로움을 준비하는 것
그 차가운 바람에
홀로 서 있어도
어김없이 파릇한 잎새로
또다시 찾아오지 않는가

고드름

삶의 끄트머리에서
살겠다는 용트림으로
마지막 안간힘이다
몸부림치면 칠수록
어지럼증을 느낀다

산다는 것은
조금씩 흔적 없이
보이지 않게
서서히 나 자신을 녹여
땅으로 스며드는 고드름 같은 것
홀연히 광활한 우주를 떠돌다
끝없이 떨어지는 별똥별처럼
영원히 잠드는 것

마지막 안간힘으로
잡으려는 욕심은 끝이 없다
뚝 떨어지면
흔적도 없이 스러질 것이

살아있는 것들의 몸부림

적막한 밤하늘에
온통 먹구름 투성이다
그토록 숱하던 별들은
어느 곳에 숨어버렸는가
그들 역시 한 줄기 광선을 발하기 위하여
몸부림치고 있을 터

어디에 산들
어느 구석진 곳에 숨어있은들
어찌 영영 감추어져있을 것인가

몸부림치면 칠수록
냅다 소리를 지르면 지를수록
가슴 후벼놓는 그리움의 잔재들은
막을 수 없는 것을

그래도
한 줄기 바람이 스쳐 지나가는
나뭇가지에는
어김없이 요동하는 잎새들을 본다

누군가
흔들리는 것은
살아있는 것이라 말했지

여전히
난 작은 흐느낌에도
휘청거리듯 흔들린다
무던히 살아있다는 것을 알리기 위해

아무도 기억해주지 않는
아득한 강 건너에서
오늘도 적막한 고요와 싸우고 있는 것을…

바람소리

그대인가
밤새 창밖을 서성이던 그림자
어디서 왔다가
어디로 떠나는지
잡을 수 없는 흔적으로
내 뺨 스치고 지나는 손길은…

그대 남기고 간
애잔한 흐느낌 소리에 묻혀
여명에 사라지는 새벽 별 하나
눈물처럼 떨어지는데
어디쯤일까 긴 방황의 끝
지친 그대 영혼의 쉼터는

그대 슬픈 그림자
햇살 속에 잠들면
그때 다시 돌아와
내 창을 가만히 흔들어주오.
언제나 그대를 기다리는
노오란 손수건을 걸어두리니

흔들리지 않는 것은

긴 불면의 강 언덕 저편에
한숨짓듯이 서 있는 메마른 나뭇가지

그늘 없는
세상을 향한 나의 고집으로
엉켜진 잎새 하나 외롭게 떨고 있다

세찬 바람이 불어도
흔들리지 않는 너의 싸늘한 심장으로,

기어이 보일 수 없는
속 타는 나의 가슴은 오늘도
타들어가듯이 오그라든다

버림받은 것인들
이토록 외로울 수가 있는 걸까

바람에 잎새가 흔들리지 않는 것은
이미 죽어있기 때문이리라

다가갈 수 없는 사람

차라리 나는
날개 없는 새가 되리라
날고 싶어도 날아갈 수 없는 몸이기에
다가갈 수 없는 그대와 나 사이
멀고 먼 거리를 유지할 수 있을 테니

차라리 나는
자신을 부수는 파도가 되리라
언제나 제자리에서 눈물이 마를 때쯤
그대 잊으려 아낌없이 자신을 산산이 부수어
물거품으로 사라져도 결코 슬퍼하지 않을 테니

차라리 나는
수평선 끝 한 점의 섬이 되리라
불현듯 그대 작은 돛단배 띄어 나를 찾으면
어느새 저만큼 깊은 바다 속으로 가라앉아
형체도 남기지 않아 그대 찾을 수 없을 테니

사랑의 온도

사랑의 온도는 몇 도일까
가까이 다가가면 불꽃처럼 타오르다
열꽃 내리는 재가 될 것 같고

한 발자국 뒤로 물러나면
북극의 빙해 차디찬 눈꽃 되어
얼어버릴 것 같아

말없이 바라만 보면
끝없는 모래사막에서 불어오는
돌풍처럼 가슴은 무너지고

무언가 하고픈 말을 뱉으면
무수히 흩어지는 별나라 유성들이
눈물 되어 먼저 떨어진다

사랑의 온도는 잴 수 없는
그대의 마음 그대의 심장

사랑의 온도는 비켜가는
나의 고독 나의 눈물

나의 울음

하얀 가슴까지 파고드는 그리움이
뼛속까지 스며들다 못해
뚝뚝 아침이슬에 떨어지는 풀꽃처럼
미처 못 다한 말들을 하냥 삼키라 한다

잠든 내 처량한 영혼이리라
눈물로 얼룩진 얼굴에 밀려오는
그 짧고 아름다웠던 사랑의 흔적은…

오늘 밤 안간힘을 쓰며
목구멍을 타고 내려가는
한 줌의 설움에 울지 않으려 했건만
가녀린 어깨는 여지없이 들썩인다

한 무리 별똥별
유성되어 가슴으로 떨어지면
슬픔의 폭죽으로 터져올라
긴 밤 울음으로 새워야 하나…

아…
부디 모르는 채
내 붉은 목젖 위를 비켜가라

끝내 마주치지 않을
너의 눈길을 피해가는
나의 울음이여
너의 눈물이여
우리 애타는 그리움이여

나였으면 좋겠습니다

스쳐 지나가는 바람에도
그대 향기 묻어나는
짙은 그리움의 흔적들은
일제히 흔들리며 하늘로 곤추섭니다

손을 내밀면 두 손 가득히
담겨 올 것 같은 그대 향기에
온몸을 떨고 있는
이 외로움은 하등 관계없다는 듯이

바다에 가면
나, 그대를 만날 수 있으려나
바닷가 작은 바위에 앉아
물보라 치는 아스라한 가슴을 안고
무작정 기다리면 그대
내게 다가오시렵니까

그리움은 파도인가 봅니다
가슴에 보듬어도 보듬어도
끝없이 부서지는 것을 보면

보고픔은 물보라인가 봅니다
눈을 감아도 감아도
여전히 영롱하게 피어나는 것을 보면

사랑은, 파도처럼 목메이다가
물보라처럼 피어나는
그대의 따뜻한 가슴인가 봅니다

달려가고 싶습니다
모든 것을 그냥 이대로
손을 놓은 채 오라 하시면
지금이라도 맨발로 달려가겠습니다

어디쯤 그 어디쯤에서
그대는 문득 내가 그리워
뒤돌아봐 주시렵니까

그대 가슴에
그리움의 향이 있다면
그것은 나의 향기였으면 좋겠습니다

그대 발걸음
누군가를 기다리며 서성이게 된다면
그 사람이 나였으면 좋겠습니다

그대 마음속에
아직도 사는 이
단 한 사람이
바로 나였으면 좋겠습니다

코스모스의 꿈

그리움이 짙어지면 별이 되고
보고픔이 깊어지면 꽃이 되고
아픔이 옅어지면 눈물이 된다

가을 들녘에 흩날리는
가냘픈 코스모스가 되면
누구 가슴에 남겨 질까

멀리 떠난 그대
걸음걸음
가시는 길목마다
여린 손을 흔들어주면

잠시 발걸음을 멈추고
그윽한 내 향기에 취해
여린 숨 고르며 다가오시려나

그대 그림자

희미한 안개 속으로
저물어가는 하늘빛
한 점 그리움을 접어
고이 가슴에 간직하다가,

어느 날
불현듯 찾아온 낯선 그림자에
후다닥 창을 열고 얼굴을 내밀면,
그대는 여전히
그 자리에서 헛도는 바람개비마냥
손을 뻗으면 닿을 만큼
밤하늘을 떠도는 외로운 달무리로 가득하거늘

파르르 떨려오는
긴 속 눈썹 사이로
잊혀진 얼굴 하나
지나는 바람결에 딸려 보낸들
그대, 내 가슴에 한 움큼의 눈물자국으로 남겨진
차마 지우지 못한 그리움의 흔적들을 기억이나 할까

오늘 밤도 누군가 바둥거리며
그대 그림자를 찾아 헤매고 있거늘

살다보면

살다보면
가끔 한 움큼의 눈물을
흘려도 풀리지 않는 가슴앓이를 안고 산다

살다보면
어둠이 걷히지 않은 안개 낀 새벽
미로 같은 인생 속에 홀로 서있는
고독한 자신을 본다

살다보면
잊을 수 없는
그리운 사람 하나 가슴에 묻고
젖은 눈망울로 애써 태연한 척
고개를 꼿꼿이 쳐들며 하늘을 본다

그러나 어찌하랴
살다보면
살다보면

살아온 날보다
살아갈 날이 더 힘겹다 할지라도
정녕 그대를 흘려보내야만 하는 것을

마음의 강에서
그대 흘려보내면
이제 다시는 만날 수 없는
망각의 바다에 다다른다 할지라도

영혼의 안식처

돌아누울 수밖에 없는
시린 가슴으로도
뼛속까지 스며드는
칼날 같은 슬픔과 싸우며
베갯잇에 얼굴을 묻는다

열린 창틈으로
허망한 바람이 어둠을 뚫고
빗나간 화살처럼 가슴 벽을 핥으면
외로운 내 영혼은
아직도 상처 깊숙한 곳에
홀로 남아 그대를 부른다

뒤척이며
잠 못 이루는 밤
그대 흔들리지 않는
마음의 중심 속에
내 영혼 파고들어

잠시 쉴 수만 있다면
그대로 잠들 수만 있다면

나
죽어도 좋으련만

마음 비우기

하루만이라도
죽은 듯 깊은 잠속에서
세상을 잊고 싶다
때로는 사는 것이
마른 낙엽을 태우듯
그렇게 모든 것을
훨훨 떨쳐버릴 줄 아는
지혜도 필요한 것을…

늘 채우고자 했나 보다
채워도 채워지지 않는
목마름으로 슬퍼하면서도
비울 수 없었던 욕심과
움켜쥐었던 것들을 이제 가만히 보내주자

미련도, 아픔도 없이
그저 뒤돌아서 가는 발걸음
붙잡지 말고 보내주자
서로 그리운 얼굴은 가슴에 묻은 채로…

저 파아란 하늘가
눈부시게 맑은 웃음 흩뿌리며
훨훨 날아오른 높새바람처럼
다시 꼿꼿이 어깨를 추스르리

여자의 변화

사각사각
눈감은 세월을 가위질하면
추락하는 추억의 그림자들이 엉겨붙는다

잘려나가는
머리카락의 수만큼
무수한 삶의 아픔이
허옇게 타들어가는 목마름으로
발치께로 떨어진다

살아온 날들보다
더 짧은 살아가야 할 날들 속에
무엇이 나를 존재케 하랴

사각사각
여자는 변하고 싶을 때 머리를 자른다
춤추는 가위질에 맥못추는
여자의 한(恨)도 잘라버리자

이제는 당당해지고 싶다

여전히 그리움으로

한 가닥 그리움의 흔적이 남아있으려니
어디선가 나뭇잎이 흔들리면
그대는 진정 알리라
살아 있는 모두가
가느다란 손짓으로
몸부림치는 바람의 눈물임을

애써 외면하지 마라
끝이 없는 한
다시 시작도 없으려니
메마른 광야처럼
텅 빈 이 가슴은
어디쯤 멈추어 서서
그대를 바라볼까

그대 가는 길

그대 가는 길이 어드메오
어느새 긴 그림자로 남겨진
그리움의 흔적을
눈물진 세월로 보내고 나서
간신히 기억해낼 만큼만 가슴속에 남겨두오

살면서
단 한 번도 다시는 우리 만날 날이 없는
인생의 광야를 걷는다 해도
그대, 끝내 뒤돌아보지 말고
가던 길을 가오

언젠가 목마름으로 두 손 가득 채워진
샘물을 들이킬 때
또한 긴 갈증으로 목말라할 사람이 있는 법
노을 물든 산등성이 이름 모를 묘지 위에
그저 들꽃 한 송이라도 뿌려주오

내가 존재하는 이유

바람 한껏 불어와도
꺾여지지 않는
도도한 삶이고 싶었다

흔들림 없는 어깨
꼿꼿이 추스르며
마지막 남은 자존심과 같은
몸부림이라 해도
한 점 흐트러짐 없이 고고하게
내 긴 목젖을 곧추세우고 싶었다

내가 산다는 것은
내가 존재한다는 것은
거친 폭풍의 진통 속에서도
오만한 고갯짓 멈추지 않는 갈대처럼
언제나 꼿꼿하게 다시 일어서는 일

작품해설

하나님의 사랑이 강물처럼 넘쳐흘러

김순진(문학평론가 · 고려대 평생교육원 시창작강사)

<작품해설>

하나님의 사랑이 강물처럼 넘쳐흘러

김순진(문학평론가 · 고려대 평생교육원 시창작강사)

12년 전인 2002년, 처음 샌드라신 시인을 만났을 때, 나는 우리 서민들과 거리가 먼 분으로만 여겼었다. 한국과 미국 간의 거리가 그렇고 CEO라는 직책과 미국 라이프대학 총장이라는 그녀의 위치가 그랬었다. 게다가 그녀의 시아버님은 국어대사전의 저자로 유명한 신기철 박사님이시니 그녀의 가문은 우리나라의 문화를 이끌어온 가문이었다. 몇 년 전 신기철 박사의 제자들이 신기철 박사가 생전에 25년 동안 연구하고 모아놓은 자료 원고지 13만장 분량의 한국문화대사전(전 10권)민족문화 대사전을 출간하여 스토리문학에 광고를 했던 생각이 난다. 분명 필자는 그녀를 보통사람들과 다른 신분임에도 보통사람의 마음을 이해하고 함께한 시인으로 기억한다.

그때, 우연한 기회에 그녀와 인사동에서 밥을 먹게 되었다. 그런데 시인의 소탈함이 나를 사로잡았다. 그녀는 아무 음식이나 잘 먹고 우리들과 잘 어울리는 사람이었다. 그녀는 필자가 발행하고 있는 스토리문학을 통해 문단에 등단했다. 하는 일이 너무 많은 그녀는 늘 바빴다. 그렇지만 마음속에서 시를 내려놓지 못하는 그녀는 천상 시인이었다.

당시 필자가 운영하는 한국스토리문인협회에서 활동하고 있는 한 여류 시인의 집에 불이 나는 일이 발생했다. 그 여류 시인은 고양시에 거주하면서 화훼농장을 하고 있었는데 숟가락몽둥이 하나 건질 수 없이 모두 타버렸다. 그때 나는 그 여류시인을 위해 모금활동을 벌였었다. 그런데 샌드라신 시인은 미국에서 그 소식을 듣고 선뜻 금일봉을 보내왔다. 그리고 지난해에 강원도 홍천에 사는 또 다른 시인의 집에 불이 나 모조리 태웠다. 장뇌산삼 농사를 짓고 있는 그 시인의 집은 산과 인접해 있었는데 큰 산불이 될까봐 집을 포기하고 산으로 옮겨 붙는 불을 끄느라 부상까지 입었다고 했다. 그런 소식을 들은 필자는 또다시 그 시인을 위해 모금운동을 벌였는데, 이번에도 샌드라신 시인은 미국에서 그 소식을 듣고 금일봉을 보내주었던 것이다.

필자는 스토리문학이란 잡지를 운영한다. 사실 말이 출판사지 소규모 인원에 거의 막노동에 가깝다. 초창기에는 늘 재정이 열악하여 책이 제때에 나오지 못할 때가 많았다. 시인은 그런 스토리문학을 위해 한국스토리문인협회 행사시에도 여러 번 금일봉을 내놓으셨다. 그런 시인의 아름다운 사랑 정신은 이 시집 여기저기에서 발견할 수 있다. 그럼 시 몇 편을 통해 그녀의 광활한 마음의 대지를 여행해보자.

작은 촛불이고 싶다
타다가 끝내
흔적 없이 녹아내리는 촛불이 되어
그대 가슴에 기억 없이 사라진다 해도
어둠을 삼키는 한 줄기 사랑의 빛이 되어
끝내 온몸을 태우리

작은 풀꽃이고 싶다
아무도 찾아주지 않는 깊은 산속에 홀로 피어나
기다림에 지쳐 길게 목젖을 쳐들며
오지 않는 그대, 발자국소리 귀 기울이면
어느새 새벽이슬이 눈물방울 되어 떨어진다 해도
끝내 견디어 내리

작은 별이고 싶다
어디선가 미치도록 외로움에 떨고 있을
가난한 그대 가슴에 별똥이 되어
사랑의 불씨를 심어주면
차갑고 힘겨운 세상살이 다시 어깨 깃을 세우며
끝내 소망을 이루리

촛불도 풀꽃도 결국엔
스러지는 별똥별 같은 것
나는 작은 운석이 되어
누구의 가슴에 남겨질까?

-「작은 운석이 되어」 전문

그녀는 늘 봉사하는 마음을 가지고 살아간다. 그래서 그녀는 이웃에게 희망의 촛불이 되고 싶은 것이다. 작은 웃음을 주는 풀꽃이고 싶은 것이다. 그리하여 작은 운석이 될지라도 이웃의 가슴에 남고 싶은 것이다. 샌드라신 시인는 독실한 크리스찬이다. 매주 성가대에 나가 찬송과 봉사를 하며 LA지역사회에서 모범적인 활동을 하는 그녀는 한인 사회에서 존경받는 사람이다. 그러기에 소시민들의 아픔에도 모르는 척 하지 않고 큰 사랑을 베푸는 샌드라신 시인은 하나님의 사랑을 전할 줄 아는 하나님의 진정한 자녀다. 샌드라신 시인이 그렇게 남을 돕는데 발 벗고 나설 수 있었던 것은 가슴 속에 흐르는 하나님의 사랑이 그만큼 깊고 크기 때문이다.

누군가를 죽도록 사랑할 수 있다는 것은 엄청난 용기다
뼈를 깎는 고통이 없는 사랑은 성숙할 수 없으며
배려 없는 사랑은 거짓이다
진실한 사랑은 겉으로 나타나지 않으며
보지 않아도 손으로 만져 확인하지 않아도
여전히 변하지 않는 한 그루 소나무처럼
언제나 푸른 꿈을 갖는 것

그대는 절실한 사랑을 해보았는가
그 사랑이 남녀의 사랑이든
부모와 자식 간의 사랑이든
이웃 간의 사랑이든
신과의 사랑이든 사랑은
언제나 부끄러움 없이 나를 드러내며
상대방의 모든 것을 인정하고 수용하는 것

사랑은 시작도 끝도 없는 수평선 위에서

홀로 우는 새 한 마리처럼
정녕 견딜 수 없는 외로움에도
그를 구속하지 않고 놓아주는 것

-「사랑은」 전문

그렇지만 그녀는 가슴에 그리움을 안고 사는 천상 여자다. 이역만리 외국에서 살자니 고국에 대한 그리움이 얼마나 클까? 그녀는 "누군가를 죽도록 사랑할 수 있다는 것은 엄청난 용기"라고 말한다. 그래서 그런 사랑을 하기 위해서는 "변하지 않는 한 그루 소나무처럼 / 언제나 푸른 꿈을 갖는 것"이라고 말한다. 그녀의 말에 귀를 기울여 보자. 사랑을 위해 죽을 수는 있다. 그러나 진정한 사랑이라면 그 사랑을 위해 당당해져야 할 것 같다. 시인의 말처럼 '한 그루의 소나무처럼 푸른 꿈을 갖는' 것처럼 사랑할 수 있다면 그 사랑이 얼마나 희망적인가? 샌드라신 시인의 사랑은 그럴 것 같다. 그래서 시인이 그처럼 당당하게 살아왔던 것이 아닌가 하는 생각이 든다.

나는 결코 가난하지 않다
날마다 금사라기 햇볕을 받는다
나는 결코 목마르지 않다
새벽이면 마시는 이슬이 있다
나는 결코 외롭지 않다
저녁마다 달님의 축복을 받는다
나는 결코 하찮지 않다
그 많은 나무들의 동경을 받는다

나는 결코 심심하지 않다
그 아리따운 새들의 공연을 받는다
나는 결코 술 고프지 않다
뭇사람들을 취할 만큼 향기를 지녔다
나는 결코 화려하지 않으나
그 누구도 부럽지 않은 들꽃처럼 살련다

- 「들꽃처럼」 전문

그녀가 성공할 수 있었던 것은 긍정적인 마인드였을 것이다. 위의 시 들꽃처럼에서 보듯 그녀는 언제 어디서든 긍정적인 생각을 가지고 있다. 그녀는 결코 위축되거나 다른 사람을 부러워하지 않는다. 그녀는 자신을 풀꽃 같은 존재라 생각하더라도 결코 가난하지도, 목마르지도, 외롭지도, 하찮지도, 심심하지도 않다고 느낀다. 그것은 '아리따운 새들의 공연과 뭇사람들이 취할 만큼 향기를 지녔기 때문인데, 그래서 시인은 그 누구도 부럽지 않은 들꽃처럼 살려고 노력한다. 얼마나 멋진 무소유 정신인가?

바람 한 점 없는 길을 걷다가 문득 걸음을 멈춰 섰다
매일 지나가던 길이건만 불현듯 방향 감각을 잃어버렸다
어디로 가야하는가 잠시 흔들리는 나
망각의 강줄기에 은빛 날개 접어둔 외로운 새 한 마리
정녕 어디로 가야하는가

뒤돌아보면 끝없는 길을 걸어왔다
어느새 땅거미 지는 인생의 길섶에서
잠시 푸드덕 푸드덕

지친 날갯짓으로 몸부림친다
정녕 어디로 가야 하는가

잃어버린 것을 찾으려 애써 눈물 흘리지 마라
망각의 강이 다다르는 곳이
어디인지 알려하지 마라
돌아올 수 없는 길이라고 단정짓지 마라
끝 모를 길이라지만 우리는 여전히 발걸음을 옮겨야 한다

- 「끝 모를 길」 전문

처음 미국으로 이민을 갔을 때 그녀는 언어와 문화의 장벽 앞에서 끝없는 좌절을 맛보았을 것이다. 사랑, 친구, 추억, 언어, 고국, 문화……. 시인의 말처럼 수없이 잃어버렸을 것이다. 그리고 눈물을 흘리며 잃어버린 것을 찾아 나서기보다 다시 몸을 추슬러 새로운 것을 내 것으로 만드는 과정에 온 힘을 쏟았을 것이다. 처음 미국에 왔을 때에는 "망각의 강이 다다르는 곳"에서 자신이 누구인지, 이곳이 어디인지, 나는 무엇을 하는 사람인지? 왜 이곳에 왔는지에 대하여 어리둥절했을 것이다. 그러나 시인은 지금 내가 서있는 이곳이 어디인지 알려들지 않았다. 얼른 자신의 상황을 알아 치리고 보도블록 틈바구니에 뿌리를 내리는 민들레홀씨처럼 뿌리를 내렸을 것이다. 우리 인생은 끝없는 미로로 이어져 있다. 가다가 막히면 되돌아 나와 다른 길을 찾으면 된다. 그런데 많은 사람들이 자신이 가던 길이 막히면 그 절벽 앞에 주저앉아 자신의 신세를 한탄한다. 그러나 시인은 "돌아올 수 없는 길이라고 단정짓지 마

라"라고 말한다. "끝 모를 길이라지만 우리는 여전히 발걸음을 옮겨야 한다"고 말한다.

하루만이라도
죽은 듯 깊은 잠속에서
세상을 잊고 싶다
때로는 사는 것이
마른 낙엽을 태우듯
그렇게 모든 것을
훨훨 떨쳐 버릴 줄 아는
지혜도 필요한 것을…

늘 채우고자 했나 보다
채워도 채워지지 않는
목마름으로 슬퍼하면서도
비울 수 없었던 욕심과
움켜쥐었던 것들을 이제 가만히 보내주자

미련도, 아픔도 없이
그저 뒤돌아서 가는 발걸음
붙잡지 말고 보내 주자
서로 그리운 얼굴은 가슴에 묻은 채로…

저 파아란 하늘가
눈부시게 맑은 웃음 흩뿌리며
훨훨 날아오른 높새바람처럼
다시 꼿꼿이 어깨를 추스르리

-「마음 비우기」 전문

시를 쓰려면 여러 가지 준비해야할 일이 있다. 언어의 매끄러움과 소재의 선택이 그것에 속한다. 그런데 아무리 시어가 매끄럽고 소재를 잘 택하였다고 할지라도 마음이 따라가지 않고서는 좋은 시를 써내기가 어렵다. 일단 소재가 마음에 들어오면 마음속에 완전히 녹아들며 침잠하여 마음 깊은 곳에서 우러나는 울림을 배합하고 순수하고 맑은 여과지에 여과되어야 한다. 말하자면 시어나 소재보다는 마음이 우선되어야 한다는 말이다. 그런데 샌드라신 시인의 시는 독자가 읽는데 무리가 없다. 소재를 바라보는 눈이 긍휼하고 사랑스럽다. 따스하고 아름다운 마음이 녹아 있어서 읽는 사람으로 하여금 감동을 준다. 차근차근 펼쳐나가는 무리 없는 전개와 튀지 않고도 충분히 생각을 시 안에 녹아내린다. 그것은 그녀가 시에서 자신의 주장을 관철시키려 하지 않고 독자와 같이 호흡하고 있기 때문이다. 즉 '마음 비우기'를 잘 하고 있다는 말이다. 언제 시인은 나에게 오랫동안 미국에 데리고 와 공부시키고 집 사주어 가르친 사람이 배신을 했다고 했다. 그때 정말 가슴이 찢어지는 듯 아팠을 것 같다. 아끼던 사람의 배신에 대하여 다시는 사람을 믿지 않기로 했을지 모른다. 인생은 사랑에 대하여, 금전에 대하여, 사람에 대하여 끊임없이 헤어지기를 반복해나간다. 그러나 그런 것들을 모두 감싸 안고 살아가기란 너무나 아프다. 떠나가는 것들에 대하여 "눈부시게 맑은 웃음 흩뿌리며 / 훨훨 날아오른 높새바람처럼 / 다시 꼿꼿이 어깨를 추스르"는 시인이야 말로 진정

한 승리자요. 세상을 사랑할만한 자격과 가치가 있는 사람이 아닐까 생각한다.

사랑의 온도는 몇 도일까
가까이 다가가면 불꽃처럼 타오르다
열꽃 내리는 재가 될 것 같고

한 발자국 뒤로 물러나면
북극의 빙해 차디찬 눈꽃되어
얼어버릴 것 같아

말없이 바라만 보면
끝없는 모래사막에서 불어오는
돌풍처럼 가슴은 무너지고

무언가 하고픈 말을 뱉으면
무수히 흩어지는 별나라 유성들이
눈물 되어 먼저 떨어진다

사랑의 온도는 잴 수 없는
그대의 마음 그대의 심장
사랑의 온도는 비켜가는
나의 고독 나의 눈물

-「사랑의 온도」 전문

보통 사랑은 뜨겁다고 한다. 그것은 일반적인 온도계로 쟀을 때의 이야기다. 시인의 온도계는 다르다. 시인은 항상 남과 다른 계량기를 가지고 있다. 일반적인 사람들은 사람과 사람의 거리를 Km로 표시할 수 있겠으나 시인은 사람과 사람의 거리를 얼마나 더 파란색인가로 표시할 수 있겠다. 사랑의 무게는 Kg으로 재는 것이 아니다. 동등할 때 사랑의 무게는 잴 수 있으며 어느 한쪽이 기울 때 저울은 불필요하게 된다. 그래서 시인은 사랑의 온도는 "잴 수 없는 / 그대의 마음 그대의 심장", "비켜가는 / 나의 고독 나의 눈물"이라고 말한다. 누구의 막대사탕이 더 달 것인가? 내가 가진 막대사탕이다. 누구의 이별이 더 아픈가? 물론 내가 한 이별이다. 이 세상 모든 사람들은 자신의 잣대로 재고 자신의 저울로 계량한다. 통에 돈을 담으면 돈통이지만 쓰레기를 담으면 쓰레기통이다. 병에 물을 담으면 물병이 되지만 농약을 담으면 생명을 살상할 수 있는 농약병이 된다. 샌드라신 시인의 시집에는 아름다운 것만 담겨져 있다. 삶이 비록 아프고 힘들고 고될지라도 그것은 아름다웠다고 말할 수 있어야만 성공한 삶이 되는 것이다.

천상병 시인은 1967년 간첩사건에 휘말린 동백림 사건으로 매를 맞으며 옥고를 치르다가 바보가 되어 '천원만 천원만' 하면서 거지노릇을 했지만 그는 "이 세상 소풍 끝나는 날 / 가서 아름다웠다고 말하리라"라고 말했듯이 이 세상은 살아볼만한 세상이라고 말하고 있는데, 샌드라신 시인은 사랑은 고독이 오든지 눈물이 나든지 한 번 해볼만한 것이라 간접적으로 말해주는 듯 하다.

이상에서처럼 샌드라신의 시숲으로 깊숙이 들어가 가만히 숲을 들여다보았다. 그녀가 바라본 인생의 숲, 인연의 숲, 그리고 사랑의 숲은 서서히 반짝이며 빛으로 산란하고 있다. 자연은 아침이 되면 깨어나지만 인간은 깨달음이 있어야만 깨어날 수 있다. 시쓰기는 자신을 드러내는 작업이다. 그러니 스스로를 인정하며 아무도 시기하지 않는 숲처럼 인간으로 왔다가 가는 의미를 시로써 통찰하고 글로써 인간을 해하지 말며 글이나 좀 쓴다고 교만하지 말아야 하며 글이 안 써진다고 스스로를 구속하지 말아야 한다. 그런데 샌드라신 시인의 시는 사람을 해하지도, 교만하지도, 그리고 스스로를 구속하지도 않는다.

"시를 쓰는데 있어서 어떤 것이 가장 중요합니까?"라고 원로시인들께 질문을 하면 대부분의 원로작가님들은 "자신이 가장 잘 쓸 수 있는 것을 써야한다."고 이구동성으로 말한다. 가장 잘 쓸 수 있는 시란 무엇일까? 지금 내 마음에 작용하고 있는 시다. 즉 고향과 가족, 환경에 대한 경험을 쓰는 것이 가장 잘 쓰는 시다. 여자에게 있어 사랑과 추억은 자산이자 동력이다. 특히 시인에게는 마르지 않는 화수분 같은 것이다. 샌드라신 시인의 시에는 무엇보다도 인간미가 넘쳐흐른다. 그것은 그녀의 가슴 속에는 하나님의 사랑이 강물처럼 넘쳐흐르기 때문이다.

시집 상재를 진심으로 축하드린다.

샌드라신 시집

사랑의 온도

초판인쇄일 2014년 5월 13일
초판발행일 2014년 5월 16일

지은이 : 샌드라신
펴낸이 : 김순진
편집장 : 전하라
디자인 : 김초롱
펴낸곳 : 문학공원
등 록 : 2004년 3월 9일, 제6-706호
주 소 : 서울 동대문구 난계로 26길 17호
삼우빌딩 C동 302호 스토리문학사
전 화 : 02-2234-1666
팩 스 : 02-2236-1666
홈페이지 : http://cafe.daum.net/yob51
이메일 : 4615562@hanmail.net

* 책값은 뒤 표지에 있습니다.